Vente du Lundi 11 Décembre 1

HOTEL DROUOT, SALLE N° 8

A DEUX HEURES

TABLEAUX

PAR

M. J. REROLLE

DE GENÈVE

EXPOSITION PUBLIQUE

Le Dimanche 10 Décembre 1882, de une heure à cinq heures.

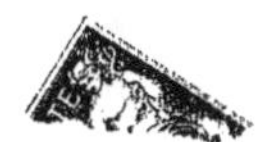

Mᵉ Henri LECHAT | M. JULES CHAINE

COMMISᵗᵉ-PRISEUR | EXPERT

rue Baudin, 6 (square Montholon) | avenue Trudaine, 17

PARIS — 1882

Vᵉ RENOU, MAULDE et COCK

IMPRIMEURS DE LA COMPAGNIE DES COMMISSAIRES-PRISEURS

Rue de Rivoli, 144.

CATALOGUE

DE

TABLEAUX

PAR

M. J. REROLLE

DE GENÈVE

DONT LA VENTE AURA LIEU

HOTEL DROUOT

SALLE N° 8

Le Lundi 11 Décembre 1882

A DEUX HEURES

Par le ministère de M° **HENRI LECHAT**, Commissaire-Priseur,
rue Baudin, 6 (square Montholon),

Assisté de **M. JULES CHAINE**, Expert, avenue Trudaine. 17,

CHEZ LESQUELS SE TROUVE LE CATALOGUE.

EXPOSITION PUBLIQUE

Le Dimanche 10 Décembre 1882, de une heure à cinq heures.

—

PARIS — 1882

CONDITIONS DE LA VENTE

—

Elle sera faite au comptant.

Les Adjudicataires paieront CINQ POUR CENT, en sus des enchères, applicables aux frais.

DÉSIGNATION

1 — Le Mont Blanc vu du bord du lac de Versoix.

H. 50 c. L. 80 c.

2 — Le Salève vu des Tuilières de Carouge.

H. 30 c. L. 50 c.

3 — Bords du lac à la Bellotte.

H. 50 c. L. 80 c.

4 — Bords de la Saône à Lyon-Vaise.

H. 36 c. L. 60 c.

5 — Bords du lac à Mies, près de Genève.

H. 37 c. L. 56 c.

6 — Bords de l'Arve, près Carouge.

H. 37 c. L. 56 c.

7 — Bords du lac à Mies, près de Genève.

H. 37 c. L. 56 c.

8 — Bords du lac à Yvoise.

H. 37 c. L. 56 c.

9 — Bords du lac à Miès, près Genève.

H. 37 c. L. 56 c.

10 — Jonction du Rhône et de l'Arve, près Genève.

H. 32 c. L. 55 c.

11 — Le Mont Blanc vu des bords de l'Arve, à
Etrembières

H. 37 c. L. 55 c.

12 — Les Tuilières de Carouge.

H. 34 c. L. 41 c.

13 — Bords de l'Arve, près Genève.

H. 35 c. L. 55 c.

14 — Bords du lac à Bellerive, près Genève.

H. 34 c. L. 49 c.

15 — Village à Meillerie, bords du lac de Genève.

H. 33 c. L. 49 c.

16 — Bords de l'Arve, près Carouge.

H. 31 c. L. 48 c.

17 — Bords de la Drize, près Carouge (Sous-bois).

H. 34 c. L. 42 c.

18 — Promenades de Carouge (Effet de neige).

H. 34 c. L. 41 c.

19 — Village d'Hermance sur le lac de Genève.

H. 33 c. L. 41 c.

20 — Au Parc de la Tête-d'Or, à Lyon.

H. 30 c. L. 41 c.

21 — Bords de la Saône, à Lyon-Vaise.

H. 28 c. L. 31 c.

22 — Bords de la Saône, à Saint-Rambert, près Lyon.

H. 28 c. L. 42 c.

23 — A Bellerive, bords du lac de Genève.

H. 28 c. L. 42 c.

24 — Bords de la Saône, à Lyon-Vaise.

H. 28 c. L. 42 c.

25 — Bords du lac de Genève, près Coppet.

H. 28 c. L. 42 c.

26 — Bords du lac de Genève, à Villeneuve.

H. 29 c. L. 41 c.

27 — Sous-bois, au parc de la Tête-d'Or, à Lyon.

H. 29 c. L. 41 c,

28 — Bords du lac de Genève, à la Bellotte.

H. 28 c. L. 41 c.

29 — Bords du lac de Genève, à la Bellotte.

H. 28 c. L. 41 c.

30 — Bords du lac de Genève, à Genthod.

H. 28 c. L. 41 c.

31 — Bords du lac de Genève, à la Bellotte.

H. 27 c. L. 42 c.

32 — Bords du lac de Genève, à Versoix.

H. 27 c. L. 42 c.

33 — Bords du lac de Genève, à Genthod.

H. 27 c. L. 40 c.

34 — Bords de l'Arve, près Genève.

H. 25 c. L. 43 c.

35 — Bords du lac de Genève, à Hermance.

H. 27 c. L. 40 c.

36 — Bords du lac de Nantua.

H. 28 c. L. 38 c.

37 — Bords du lac de Nantua.

H. 28 c. L. 38 c.

38 — Le Salève et les Voirons, vus près de Carouge.

H. 28 c. L. 36 c.

39 — Les Moulins de l'Allondon, près de la Plaine.

H. 27 c. L. 36 c.

40 — Bords du lac de Genève, à Bellerive.

H. 26 c. L. 34 c.

41 — Prairies sous Lancy, près Genève.

H. 26 c. L. 34 c.

42 — Vallée de l'Allondon, près de la Plaine.

H. 26 c. L. 34 c.

43 — Vue de la ville de La Roche.

H. 34 c. L. 26 c.

44 — Les Bords de l'Aire, près Genève.

H. 25 c. L. 34 c.

45 — Fermes de la Praille, près Carouge.

H. 25 c. L. 34 c.

46 — Ancien chemin de Francheville, près Lyon.

H. 24 c. L. 35 c.

47 — Bords du lac de Genève, à Versoix.

H. 23 c. L. 36 c.

48 — Bords de la Saône, à Montmerle.

H. 23 c. L. 34 c.

49 — Le Salève, vu près de Carouge.

H. 24 c. L. 33 c.

50 — Bords du lac de Genève, à Versoix.

H. 22 c. L. 34 c.

51 — Sous-bois, au parc de la Tête-d'Or, à Lyon.

H. 32 c. L. 24 c.

52 — Verger, près Carouge.

H. 33 c. L. 23 c.

53 — Fermes de la Praille, près Carouge.

H. 23 c. L. 32 c.

54 — Col de la Faucille (Jura).

H. 24 c. L. 32 c.

55 — Chemin dans les prés, près Carouge.

H. 32 c. L. 26 c.

56 — Au bord du Canal de Carouge,

H. 26 c. L. 32 c.

57 — Bords du lac de Genève, à Genthod.

H. 24 c. L. 32 c.

58 — Bords de la Drize, près Carouge.

H. 24 c. L. 32 c.

59 — Fermes de la Praille, près Carouge (Effet de givre).

H. 23 c. L. 32 c.

60 — Moulins de Carouge.

H. 26 c. L. 31 c.

61 — Au Point-du-Jour, près Lyon.

H. 22 c. L. 33 c.

62 — Bords de l'Arve, près Carouge.

H. 23 c. L. 32 c.

63 — Au pied du Salève, près Genève.

H. 23 c. L. 32 c.

64 — Au pied du Grand-Salève,

H. 22 c. L. 23 c.

65 — Près Carouge.

H. 21 c. L. 31 c.

66 — Bords du lac de Genève, à Versoix.

H. 20 c. L. 34 c.

67 — Fermes de la Praille, à Carouge.

H. 21 c. L. 33 c.

68 — Au Point-du-Jour, près Lyon.

H. 17 c. L. 33 c

69 — Près Carouge.

H. 18 c. L. 24 c.

70 — Bords du lac de Genève, à la Bellotte.

H. 28 c. L. 42 c.

Vᵉ Renou, Maulde et Cock, imprˢ de la Compagnie des Commissaires-Priseurs,
rue de Rivoli, 144. 33530

www.ingramcontent.com/pod-product-compliance
Lightning Source LLC
LaVergne TN
LVHW010906180726
843502LV00010B/3986